TELEVISÃO

Campo Freudiano no Brasil

Coleção dirigida por Judith (*in memoriam*) e Jacques-Alain Miller

Assessoria brasileira: Angelina Harari

JACQUES LACAN

TELEVISÃO

Versão brasileira:
ANTONIO QUINET

ZAHAR

Tradução autorizada da primeira edição francesa publicada em 1974 por Éditions du Seuil, de Paris, França, na coleção Champ Freudien, dirigida por Jacques-Alain e Judith Miller

Título original
Télévision

Composição
TopTextos Edições Gráficas Ltda.

Impressão sob demanda
UmLivro

Papel
Alta alvura, Suzano S.A.

CIP-Brasil. Catalogação na publicação
Sindicato Nacional dos Editores de Livros, RJ

Lacan, Jacques, 1901-1981
L129t Televisão / Jacques Lacan; versão brasileira, Antonio Quinet. – 1ª ed. – Rio de Janeiro: Zahar, 1993.
(Campo Freudiano no Brasil)

Tradução de: Télévision
ISBN 978-85-7110-261-3

1. Lacan, Jacques, 1901-1981. 2. Psicanálise – Discursos, conferências etc. I. Título. II. Série.

CDD: 150.195
93-0613 CDU: 159.964.2

[2020]

EDITORA SCHWARCZ S.A.
Praça Floriano, 19, sala 3001 — Cinelândia
20031-050 — Rio de Janeiro — RJ
Telefone: (21) 3993-7510
www.companhiadasletras.com.br
www.blogdacompanhia.com.br
facebook.com/editorazahar
instagram.com/editorazahar
twitter.com/editorazahar

FSC
www.fsc.org
MISTO
Papel produzido a partir de fontes responsáveis
FSC® C128038

A marca FSC® é a garantia de que a madeira utilizada na fabricação do papel deste livro provém de florestas que foram gerenciadas de maneira ambientalmente correta, socialmente justa e economicamente viável, além de outras fontes de origem controlada.

Sumário

Aviso

1. "Um programa sobre Jacques Lacan", eis o que o Service de la Recherche de l'O.R.T.F. desejava. Foi unicamente ao ar este texto aqui publicado. Difusão em duas partes com o título de Psychanalyse, anunciada para o final de janeiro. Realizador: Benoît Jacquot.

2. Pedi àquele que lhes respondia que crivasse o que eu ouvia do que ele me dizia. A excelência disso está colhida na margem, à guisa de manuductio.

J.-A. M., Natal de 1973

Aquele que me interroga
sabe também ler-me.

J.L.

I

S (Ⱥ)

Digo sempre a verdade: não toda, porque dizê-la toda não se consegue. Dizê-la toda é impossível, materialmente: faltam as palavras. É justamente por esse impossível que a verdade provém do real.[1]

Confesso, portanto, ter tentado responder à presente comédia e que isso ficou bom para o lixo.

Falhado, portanto, mas por isso mesmo bem-sucedido em relação a um erro ou, melhor dizendo, error.[2]

Este, sem maior importância por ser ocasional. Mas, primeiro, qual?

O error consiste nessa idéia de falar para que idiotas me compreendam.

Idéia, que tão pouco me excita naturalmente, que só pode ter-me sido sugerida. Pela amizade. Perigo.

Pois não há diferença entre a televisão e o público diante do qual falo há algum tempo, o que chamam de meu seminário. Um olhar nos dois casos: a quem

$(a \lozenge \$)$ não me dirijo em nenhum dos dois, mas em nome de que falo.

Que não creiam, no entanto, que nele falo a esmo.[3] Falo para aqueles que entendem disso, aos não-idiotas, a analistas supostos.

A experiência prova, mesmo limitando-se ao tropel, prova que o que eu digo interessa a bem mais gente do que àqueles que, com alguma razão, suponho analistas. Por que, então, falaria eu aqui em um tom distinto do de meu seminário?

Além do que não é inverossímil que eu suponha aqui também analistas a ouvir-me.

E digo mais: nada espero dos analistas
$\frac{a}{S_2}$ supostos além de serem esse objeto graças ao qual o que ensino não é uma autoanálise. Certamente, sobre esse ponto não é apenas por eles, dentre os que me escutam, que serei ouvido. Porém, mesmo nada ouvindo, um analista desempenha esse papel que acabo de formular, e daí a televisão o desempenha tão bem quanto ele.

Acrescento que a esses analistas que só o são por serem objeto — objeto do analisante —, ocorre de dirigir-me a eles, não que eu lhes fale, mas que deles falo: nem que seja para perturbá-los. Quem
$S_1 \rightarrow S_2$ sabe? Isso pode ter efeitos de sugestão.

Crer-se-á nisso? Há um caso em que a sugestão nada pode: aquele em que o analista recebe sua falha, seu defeito do outro, daquele que o levou até "o passe", como digo, a passagem a erigir-se em analista.[4]

Felizes os casos de passe fictício para formação inacabada: deixam esperança.

II

— Parece-me, prezado doutor, que não estou aqui para rivalizar em espirituosidade com o senhor... mas apenas para incitá-lo a responder. Assim, o senhor só obterá de mim as mais débeis perguntas — elementares e até mesmo vulgares. Lanço-lhe: "O inconsciente — que palavra esquisita!"

— Freud não encontrou outra melhor, e não se deve voltar a isso. Essa palavra tem o inconveniente de ser negativa, o que permite dela supor qualquer coisa no mundo, sem contar o resto. Por que não? Para coisa desapercebida, o nome de "em toda parte" convém tanto quanto o de "em nenhuma parte".

É, no entanto, coisa extremamente precisa.

Só há inconsciente no ser falante. Nos outros, que só têm ser por serem nomeados, embora se imponham a partir do real, há instinto, ou seja, o saber que sua

"A condição do inconsciente é a linguagem", ...

sobrevivência implica. Ainda que seja apenas para nosso pensamento, talvez aqui inadequado.

Sobram os animais que carecem d'homem, por isso ditos d'homésticos e que, por essa razão, são percorridos por sismos, aliás extremamente curtos, do inconsciente.

O inconsciente, isso fala, o que o faz depender da linguagem, de que só pouco se sabe: apesar do que designo por lingüisteria para aí regrupar o que pretende — eis a novidade — intervir nos homens em nome da lingüística. A lingüística

...a qual ex-siste à alíngua:

sendo a ciência que se ocupa d'alíngua, que escrevo numa só palavra especificando seu objeto, como se faz em qualquer outra ciência.

hipótese analítica.

Esse objeto é, no entanto, eminente, por ser a ele que se reduz, mais legitimamente do que a qualquer outro, a própria noção aristotélica de sujeito. O que permite instituir o inconsciente a partir da ex-sistência[1] de um outro sujeito à alma. A alma como suposição da soma de suas funções com o corpo. A qual é mais problemática, embora se

i (a)

trate da mesma opinião de Aristóteles a Uexküll e permaneça o que os biólogos ainda supõem, quer eles queiram ou não.

De fato, o sujeito do inconsciente só toca na alma por meio do corpo, introduzindo aí o pensamento: desta vez contradizendo Aristóteles. O homem não pensa com sua alma, como o Filósofo imagina.

O pensamento só tem com o alma-corpo uma relação de ex-sistência.

Ele pensa porque uma estrutura, a da linguagem — como a palavra o comporta —, porque uma estrutura recorta seu corpo, e que nada tem a ver com a anatomia. Testemunha a histérica. Essa cisalha chega à alma com o sintoma obsessivo: pensamento com o qual a alma fica embaraçada, não sabe o que fazer.

O pensamento é desarmônico em relação à alma. E o *nous* grego é o mito de uma complacência do pensamento para com a alma, de uma complacência que seria conforme ao mundo, ao mundo (*Umwelt*) pelo qual a alma é tida por responsável, ao passo que ele é apenas a fantasia com a qual um pensamento se sustenta, "realidade" certamente, mas a se entender como esgar do real.

O pouco que a realidade provém do real

— *Mas o fato é que procuram o senhor, psicanalista, para se sentirem melhor nesse mundo que o senhor reduz à fantasia. A cura é também uma fantasia?*

— A cura é uma demanda que parte da voz do sofredor, de alguém que sofre de seu corpo ou de seu pensamento. Surpreendente é haver resposta e que em todos os tempos a medicina tenha acertado na mosca por meio de palavras.

Poder das palavras

Como era antes de o inconsciente ser discernido? Uma prática não precisa ser esclarecida para operar; é o que se pode deduzir.

— A análise só se distinguiria, portanto, da terapia "por ser esclarecida"? Não é o que o senhor quer dizer. Permita-me formular assim a pergunta: "Psicanálise e psicoterapia, ambas só atuam por meio de palavras. No entanto, elas se opõem. Em quê?"

Nos tempos que correm, não há psicoterapia da qual não se exija que seja "de inspiração psicanalítica". Modulo a coisa com as aspas que ela merece. A distinção mantida seria apenas de vai ou não vai para a lona... quero dizer, para o divã?

Isso empresta asas aos analistas que carecem de passe nas "sociedades", mesmas aspas, que, por não quererem nem saber, digo, do passe, elas o suprem por formalidades de graduação, extremamente elegantes, para aí estabelecer de maneira estável aqueles que apresentam mais astúcia em suas relações do que em sua prática.

Eis porque vou apresentar o que prevalece dessa prática na psicoterapia.

Na medida em que o inconsciente aí está implicado, há duas vertentes que a estrutura, ou seja, a linguagem fornece.

Só há estrutura de linguagem.

A vertente do sentido, do senso, que se acreditaria ser o da análise nos despejando sentido aos borbotões para o barco sexual.

É surpreendente que esse sentido se reduza ao não-sentido: ao não-sentido da relação sexual desde sempre patente nos ditos do amor. Patente ao ponto de ser gritante: o que dá uma alta idéia do pensamento humano.

"Não há relação sexual."

E ainda há sentido, senso, que é tomado pelo bom senso, que além do mais é considerado como senso comum. Isso é o máximo do cômico, só que o cômico, não vem sem o saber da não-relação que está em jogo, no jogo do sexo. De onde nossa dignidade toma a sua conexão, e até mesmo sua continuidade.

O bom senso representa a sugestão, a comédia, o riso. Quer dizer que isso basta, além do fato de serem pouco compatíveis? É aí que a psicoterapia, qualquer que seja, estanca, não que ela não faça algum bem, mas ela conduz ao pior.

Daí o inconsciente, ou seja, a insistência com a qual se manifesta o desejo, ou

$d \rightarrow (\$ \lozenge D)$

ainda, a repetição do que aí se demanda — não é isso que diz Freud no próprio momento em que o descobre?

daí o inconsciente, se a estrutura — que se reconhece por fazer a linguagem n'alíngua, como digo — a comanda bem,

lembra-nos que à vertente do sentido que na fala nos fascina — mediante a qual o ser faz anteparo a essa fala, esse ser do qual Parmênides imagina o pensamento —,

lembra-nos que à vertente do sentido, concluo, o estudo da linguagem opõe a vertente do signo.

Como o próprio sintoma, o que assim se chama na análise, não traçou aí a via? Isso até Freud, pois foi preciso que ele, dócil à histérica, chegasse a ler os sonhos, os lapsos e até mesmo os chistes como se decifra uma mensagem cifrada.

— Prove que é exatamente isso que diz Freud, e só isso o que ele diz.

Basta ir aos textos de Freud repartidos nessas três rubricas — seus títulos são agora triviais — para se dar conta de que não se trata de nada mais senão de um deciframento de diz-mensão[2] significante pura.

A saber que um desses fenômenos é ingenuamente articulado: articulado significa verbalizado, ingenuamente segundo a lógica vulgar, o emprego simplesmente recebido d'alíngua.

Ademais, é ao progredir num tecido de equívocos, de metáforas, de metonímias que Freud evoca uma substância, um mito fluídico que ele intitula *libido.*

A prática de Freud

Mas o que ele realmente opera, lá sob nossos olhos fixos ao texto, é uma tradução em que se demonstra que o gozo, que Freud supõe ao termo do processo primário, consiste propriamente nos desfilamentos lógicos pelos quais ele com tanta arte nos leva.

$\frac{S}{s}$

É só distinguir, ao que a sabedoria estóica chegara há muito tempo, o significante do significado (traduzindo, como Saussure, seus nomes latinos) e se apreende aqui a aparência de fenômenos de equivalência sobre os quais se compreende que tenham podido configurar para Freud o aparelho da energética.

Há um esforço de pensamento a ser feito para que a lingüística seja fundada a partir daí. De seu objeto, o significante. Não há um lingüísta que não se prenda a desprendê-lo como tal, e principalmente do sentido.

Falei de vertente do signo para marcar sua associação com o significante. Mas o significante dele difere pelo fato de sua bateria já se dar n'alíngua.

Falar de código não convém, justamente por supor um sentido.

Alíngua é a condição do sentido

A bateria significante d'alíngua só fornece a cifra do sentido. Cada palavra adquire, segundo o contexto, uma gama enorme, disparatada, de sentido, sentido cuja heteróclise é freqüentemente atestada no dicionário.

Isso não é menos verdadeiro para membros inteiros de frases organizadas. Tal como esta frase: *les non-dupes errent*,[3] com a qual me armo este ano.

O objeto (a)

Certamente a gramática é aqui suporte para a escrita e, para tanto, ela testemunha de um real, mas de um real, como se sabe, que permanece enigma enquanto na análise o móvel pseudo-sexual daí não se sobressair, ou seja: o real que, por só poder mentir ao parceiro, se inscreve como neurose, perversão ou psicose.

"Eu não o amo", nos ensina Freud, vai longe se repercutindo na série.

Basta um significante para fundar o significante Um?

Com efeito, é pelo fato de todo significante, do fonema à frase, poder servir de mensagem cifrada (pessoal, dizia o rádio durante a guerra) que ele se destaca como objeto e que se descobre ser ele que faz com que no mundo, no mundo do ser falante, haja o Um, isto é, o elemento, o *stoikeion* do grego.

O que Freud descobre no inconsciente, há pouco pude tão-somente convidar a irem ver em seus escritos se está certo o que eu digo, é bem diferente do que se dar conta de que, a grosso modo, pode-se dar um sentido sexual a tudo o que se sabe, pelo fato de que conhecer presta-se à metáfora bem conhecida de sempre (vertente de sentido explorada por Jung). É o real que permite efetivamente desatar aquilo em que consiste o sintoma, ou seja, um nó de significantes. Atar e desatar não sendo aqui metáfora, e sim devendo ser apreendidos como esses nós que se constroem realmente ao fazer cadeia da matéria significante.

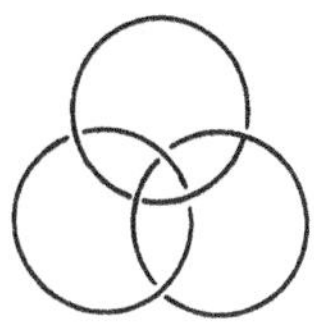

Pois essas cadeias não são de sentido mas de gozo, não são de *sens* mas de *jouis-sens*,[4] a ser escrito como queiram conforme ao equívoco que constitui a lei do significante.

Penso ter dado ao recurso qualificado da psicanálise um alcance distinto daquele que a confusão corrente acarreta.

III

— Os psicólogos, os psicoterapeutas, os psiquiatras, todos os trabalhadores da saúde mental — eles é que, nas bases e na dureza, agüentam toda a miséria do mundo. E o analista enquanto isso?

— É certo que agüentar a miséria, como o senhor está dizendo, é entrar no discurso que a condiciona, nem que seja na qualidade de protestar contra ela.

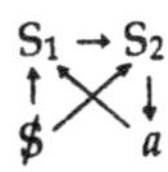

Só dizer isso já me confere um posicionamento — que alguns situarão como reprovação da política. O que eu considero, para quem quer que seja, excluído.

Além do mais, os psi, quaisquer que sejam, que se dedicam a seu suposto agüentar, não têm que protestar e sim colaborar. Sabendo ou não, é o que fazem.

É muito cômoda — podem facilmente retorquir-me — muito cômoda essa idéia de discurso para reduzir o julgamento ao que o determina. O que me surpreende é que pelo fato de não encontrarem nada melhor a me opor, dizem: intelectualismo. O que não tem o menor peso, quando se trata de saber quem tem razão.

Tanto menos que, ao relacionar essa miséria ao discurso do capitalista, eu o denuncio.

Indico apenas que não posso fazê-lo seriamente pois ao denunciá-lo estou reforçando-o — por normá-lo, ou seja, aperfeiçoá-lo.

Interpolo aqui uma observação. Eu não fundamento essa idéia de discurso na ex-sistência do inconsciente. É o inconsciente que situo a partir dela — por só ex-sistir devido a um discurso.

Só a partir do discurso analítico ex-siste o inconsciente como freudiano,...

O senhor entendeu isso tão bem que a esse projeto, cuja vã tentativa confessei, o senhor anexa uma pergunta sobre o porvir da psicanálise.

O inconsciente ex-siste a partir dele, tanto mais que só é atestado claramente no discurso da histérica, em qualquer outro lugar dele só há enxerto: sim, por mais espantoso que pareça, até mesmo no discurso do analista onde o que se faz com ele é cultura.

...o qual outrora se escutava, mas como outra coisa.

Um parêntese aqui: o inconsciente implica que se o escute? A meu ver, sim. Mas seguramente não implica que, sem o discurso a partir do qual ele ex-siste, o avaliemos como saber que não pensa, nem calcula, nem julga, o que não o impede de trabalhar (no sonho, por exemplo). Digamos que é o trabalhador ideal, aquele que Marx considerou a flor da economia capitalista na esperança de vê-lo tomar a continuidade do discurso do mestre: o que aconteceu, com efeito, embora de uma forma inesperada. Há surpresas nessas questões de discurso, eis aí mesmo o fato, o feito do inconsciente.

É um saber que trabalha...

...sem mestre: $S_2//S_1$.

O discurso que digo analítico é o laço social determinado pela prática de uma análise. Ele merece ser elevado à altura dos laços mais fundamentais dentre os que permanecem para nós em atividade.

— *Mas o senhor está excluído do que constitui o laço social entre os analistas, não é?*

A Sociedade —, dita internacional, embora isso seja meio fictício, a questão tendo há muito se reduzido a ser familiar —, eu ainda a conheci nas mãos da descendência direta e adotiva de Freud: se eu ousasse — mas previno que aqui sou juiz e parte, portanto, partidário — diria que é atualmente uma sociedade de assistência mútua contra o discurso analítico. A SAMCDA.

Danada SAMCDA!

Eles não querem, pois, nada saber do discurso que os condiciona. Mas isso não os exclui dele: bem longe disso, dado que funcionam como analistas, o que quer dizer que há pessoas que se analisam *com* eles.

A esse discurso, portanto, eles satisfazem, mesmo que alguns de seus efeitos não sejam por eles reconhecidos. Em seu conjunto, a prudência não lhes falta; e mesmo que não seja a verdadeira, talvez seja a certa.

Além do mais, é para eles que há riscos.

Vamos, pois, ao psicanalista e sem rodeios. Estes nos levariam todos igualmente lá onde chegarei.

Não se poderia melhor situá-lo objetivamente senão por aquilo que no passado se chamava: ser um santo.

Um santo, durante sua vida, não impõe o respeito que por vezes o faz merecer uma auréola.

Ninguém o percebe quando ele segue a via de Baltasar Graciàn, a de não fazer estardalhaço —, daí Amelot de la Houssaye ter acreditado que ele escrevia acerca do cortesão.[1]

O objeto (a) encarnado

Um santo, para que me compreendam, não faz caridade. Antes de mais nada ele banca o dejeto: faz descaridade.[2] Isso para realizar o que a estrutura impõe, ou seja, permitir ao sujeito, ao sujeito do inconsciente, tomá-lo por causa de seu desejo.

É devido à abjeção dessa causa, com efeito, que o sujeito em questão tem a chance de se referenciar, pelo menos, na estrutura. Para o santo não é engraçado, mas imagino que, para alguns ouvintes nessa televisão, isso recobre bem umas estranhezas dos feitos de santo.

Que isso tenha efeito de gozo (*jouissance*), quem não apreende seu sentido (*sens*) com o gozar (*joui*)? Só o santo para ficar frio, nonada para ele. É até mesmo isso que choca mais nessa história. Choca aqueles que dele se aproximam e não se enganam: o santo é o rebotalho do gozo.

Às vezes, no entanto, há uma folga, com a qual ele não se contenta, não mais do que todo mundo. Ele goza. Durante esse tempo ele não está mais operando. Os espertinhos, então, não deixam de espreitá-lo para tirar conclusões para se vangloriarem a si mesmos. Mas o santo está pouco se lixando para isso, tanto quanto para aqueles que aí vêem sua recompensa. O que é de se contorcer de rir.

Pois pouco se lixar assim para a justiça distributiva é de onde freqüentemente ele partiu.

Na verdade, o santo não se considera a partir de méritos, o que não quer dizer que ele não tenha moral. A única coisa chata para os outros é que não se vê aonde isso o leva.

Eu, cogito loucamente para que haja novos santos assim. Certamente por eu mesmo não ter atingido isso.

Quanto mais somos santos mais rimos, é meu princípio, e até mesmo a saída do discurso capitalista —, o que não constituirá um progresso se for somente para alguns.

IV

— Há vinte anos, desde que o senhor lançou sua fórmula o inconsciente é estruturado como uma linguagem, ela vem provocando diversas formas de objeção: "isso não passa de palavras, palavras, palavras. E com o que não se embaraça com palavras, o que o senhor faz? Quid *da energia psíquica ou do afeto, ou da pulsão?"*

— O senhor está imitando com isso os gestos com os quais na SAMCDA as pessoas fingem serem donas do patrimônio. Pois, como o senhor sabe, pelo menos na SAMCDA em Paris, os únicos elementos com os quais as pessoas se sustentam provêm de meu ensino. Ele se espalha em toda parte, é um vento que gela quando está ventando demais. Eles voltam então aos velhos gestos, e se esquentam amontoando-se em Congresso.

Pois essa história de SAMCDA não é uma caçoada que estou fazendo hoje, sem mais nem menos só para fazer rir na tevê. É expressamente nessa qualidade que Freud concebeu a organização a qual ele legava esse discurso analítico. Ele sabia que a prova seria dura, a esse respeito a experiência de seus primeiros seguidores foi-lhe edificante.

— *Abordemos primeiro a questão da energia natural.*

A energia natural — eis um balão de ensaio para demonstrar que aí também se tem idéias. A energia — é o senhor que lhe coloca a etiqueta de natural pois, pelo que dizem, parece evidente que é natural: algo feito para o consumo, como uma represa podendo retê-la e torná-la útil. Contudo não é porque a represa decora uma paisagem que a energia é natural.

O mito libidinal

Que uma "força de vida" possa constituir aquilo que aí é consumido, eis uma metáfora grosseira. Pois a energia não é uma substância que, por exemplo, bonifica ou se torna amarga ao envelhecer —, é uma constante numérica que o físico precisa encontrar em seus cálculos para poder trabalhar.

Trabalhar de maneira conforme ao que, de Galileu a Newton, fomentou-se de uma dinâmica puramente mecânica: ao que constitui o núcleo do que se chama mais ou menos apropriadamente uma física, estritamente verificável.

Sem essa constante que nada mais é do que uma combinação de cálculo... não há mais física. Pensa-se que os físicos levam isso em consideração e que arrumam as equivalências entre as massas, campos e impulsões para daí poder sair uma cifra que satisfaça ao princípio de conservação da energia. Embora ainda seja preciso que se possa estabelecer esse princípio para que uma física satisfaça a exigência de ser verificável: eis um fato de experiência mental, como se expressava Galileu. Ou melhor dizendo: a condição de que o sistema seja matematicamente fechado prevalece até mesmo em relação à suposição de que ele seja fisicamente isolado.

Isso não é de minha lavra. Qualquer físico sabe claramente, isto é, de maneira que possa ser dita com presteza, que a energia nada mais é do que a cifra de uma constância.

Ora, o que Freud articula como processo primário no inconsciente — isso vem de mim, mas podem ir lá e verão — não é algo que se cifra mas que se decifra. Digo: o próprio gozo. Nesse caso ele não constitui energia e não poderia se inscrever como tal.

Não há meio de se estabelecer uma energética do gozo.

Os esquemas da segunda tópica através dos quais Freud faz suas tentativas, o célebre ovo de galinha, por exemplo, são um verdadeiro *pudendum* e se prestaria à análise se analisássemos o Pai. Ora, considero que está excluído que se analise o Pai real; bem melhor o manto de Noé quando o Pai é imaginário.

Daí ser preferível interrogar-me sobre o que distingue o discurso científico do discurso histérico com o qual, é preciso dizer que, ao recolher seu mel, Freud não deixa de ter algo a ver. Pois, o que ele inventa é o trabalho das abelhas como que não pensando, não calculando, não julgando, ou seja, aquilo que já destaquei aqui mesmo — quando, afinal, talvez não seja isso o que pensa von Frisch.

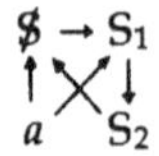

Concluo que o discurso científico e o discurso histérico têm *quase* a mesma estrutura, o que explica o erro que nos sugere Freud da esperança de uma termodinâmica na qual o inconsciente encontraria, no futuro da ciência, sua explicação póstuma.

O Bem-dizer não diz onde está o Bem.

Pode-se dizer que três quartos de século depois não há o esboço da menor indicação de uma tal promessa, e ainda que retroceda a idéia de fazer endossar o processo primário pelo princípio que, ao se dizer do prazer, não demonstraria nada senão que nos atemos à alma como a pulga ao pêlo do cão. Pois que mais seria essa famosa menor tensão com a qual Freud articula o prazer senão a ética de Aristóteles?

Não pode ser o mesmo hedonismo do qual os epicuristas se professavam porta-bandeiras. Ao serem insultados com o nome de suínos por causa dessa bandeira, que hoje dizer-se-ia apenas psiquismo, era-lhes preciso ter algo muito precioso a ser abrigado, e até mesmo mais secreto do que os estóicos.

Seja como for, ative-me a Nicômaco e a Eudemo, ou seja, a Aristóteles, para dele diferenciar vigorosamente a ética da psicanálise — cuja via trilhei durante um ano inteiro.

A estória de que eu negligenciaria o afeto é farinha do mesmo saco.

Que me respondam apenas a respeito deste ponto: um afeto, isso concerne ao corpo? Uma descarga de adrenalina, trata-se ou não do corpo? Que isso perturbe suas funções, é verdade. Mas em que isso viria da alma? É pensamento que isso descarrega.

Nada de harmonia do ser no mundo...

O que, portanto, deve ser julgado é se minha idéia, de que o inconsciente é estruturado como uma linguagem, permite verificar mais seriamente o afeto — do que a idéia de que se trate de um rebuliço do qual resultaria uma melhor arrumação. Pois é isso que me é contraposto.

...se ele fala.

O que digo do inconsciente tem ou não maior alcance do que esperar que o afeto, tal como goiaba madura, lhes caia na boca, adequada? *Adaequatio*, mais grotesca por remeter a uma outra bem servida, ao conjugar desta vez *rei*, coisa, com *affectus*, o afeto no qual ela se reacomodará. Foi preciso chegar a nosso século para que médicos viessem com essa.

A metonímia para o corpo é a regra...

Quanto a mim, só fiz restituir o que Freud enuncia num artigo de 1915 sobre o recalque, e em outros nos quais voltou a isso: o afeto é deslocado. Como se poderia julgar esse deslocamento se não fosse pelo fato de o sujeito que se supõe não poder ocorrer senão através da representação?

Explico isso a partir de seu lado (*"bande"*) para, como ele, pinçá-lo, dado que devo reconhecer que também lido com o mesmo. Só que demonstrei, por meio de um recurso à sua correspondência com Fliess (a partir da edição expurgada dessa correspondência a única que se tem)[1] que a tal representação, especialmente recalcada, não é nada menos do que a estrutura e precisamente enquanto vinculada ao postulado do significante. Cf. a carta 52: esse postulado está aí escrito.

...pois o sujeito do pensamento é metaforizado.

Dizer que negligencio o afeto para se empertigarem ao valorizá-lo — como sustentar isso sem recordar que durante um ano, o último de minha temporada em Saint-Anne, tratei da angústia?[2]

Alguns conhecem a constelação em que lhe dei lugar. A comoção, o impedimento, o embaraço[3] assim diferenciados, provam suficientemente que do afeto não faço pouco caso.

É verdade que me ouvir em Saint-Anne era proibido aos analistas em formação na SAMCDA.

Não lamento. Afetei, nesse ano, tão bem meu pessoal para fundamentar a angústia a partir do objeto concernido por ela — longe de ser desprovida dele (onde ficam os psicólogos que não puderam dar sua contribuição além de distingui-la do medo...) —, fundamentá-la, digo, a partir desse objeto, como agora designo de preferência meu objeto (a), que um dos meus teve a vertigem (vertigem reprimida) de me deixar, tal como esse objeto, cair.

Reconsiderar o afeto a partir dos meus dizeres reconduz, em todo caso, ao que dele é dito com segurança.

A simples resseção das paixões da alma, como santo Tomás nomeia de modo mais justo esses afetos, a resseção desde Platão dessas paixões segundo o corpo — cabeça, coração e até mesmo, como diz, *epitumia* ou sobrecoração[4] — não é testemunho suficiente de que para abordá-los é preciso passar por esse corpo que digo estar afetado apenas pela estrutura?

Indicarei por qual ponta poder-se-ia dar seqüência séria, a ser entendida como serial, ao que prevalece do inconsciente nesse efeito.

A tristeza, por exemplo, é qualificada de depressão ao lhe conferir como suporte a alma; ou a tensão psicológica do filósofo Pierre Janet. Não se trata, porém, de um estado d'alma[5], é simplesmente uma falta moral, como se expressa Dante e até mesmo Spinoza: um pecado, o que quer dizer, covardia moral, que só se situa, em última instância, a partir do pensamento, ou seja, do dever de bem-dizer ou de orientar-se no inconsciente, na estrutura.

Não há ética senão do Bem-dizer,...

E o que resulta — por menos que essa covardia, por ser rechaço do inconsciente, vá até a psicose — é o retorno no real do que é rechaçado da linguagem: é a excitação maníaca por meio da qual esse retorno se torna mortal.

Oposto à tristeza há o gaio saber[6] que é, ele, uma virtude. Uma virtude não absolve ninguém do pecado — original como cada um sabe. A virtude, que designo por gaio saber, é um exemplo disso, por manifestar em que ela consiste: não é compreender, morder no sentido, mas raspá-lo o máximo possível sem que ele se torne um engodo para essa virtude, para tal, gozar do deciframento, o que implica que o gaio saber, no final, faça dela apenas a queda, o retorno ao pecado.

...saber senão de não-senso.

Onde está, em tudo isso, o que traz felicidade, a boa sorte? Exatamente em toda parte. O sujeito é feliz. Eis justamente sua definição dado que ele só pode tudo dever à sorte, à fortuna, dizendo de outro modo, e que toda sorte lhe é boa para o que o mantém, ou seja, para que ele se repita.[7]

No "encontro marcado" com o (a),...

O espantoso não é ele ser feliz sem suspeitar o que o reduz a isso, sua dependência da estrutura — é ele adquirir a idéia da beatitude, uma idéia que vai suficientemente longe para que dela ele se sinta exilado.

Felizmente temos aí o poeta para dar a dica. Dante que acabo de citar e outros, afora as sacanagens dos que fazem do clacissismo seu bozó.

Um olhar, o de Beatriz, ou seja, um tantinho de nada, um batimento de pálpebras e o dejeto delicioso[8] que disso resulta: e eis que surge o Outro que devemos identificar tão-somente como o gozo dela, o qual ele, Dante, não pode satisfazer, porque dela ele só pode obter esse olhar, somente esse objeto, mas com o qual, nos enuncia ele, Deus a satisfaz

...tratando-se de gozo de mulher,...

...o Outro adquire ex-sistência,...

plenamente, e ele nos provoca ao receber a segurança disso justamente de sua boca.

...mas não substância de Um.

Ao que em nós responde: *ennui*, tédio. Palavra com a qual, ao fazer as letras dançarem como no cinematógrafo até que se ressituem numa linha, recompus o termo: *unien*, uniano. Com o qual designo a identificação do Outro com o Um. Digo: o Um místico que outro cômico, ao constituir a eminência no Banquete de Platão, Aristófanes, para dar seu nome, nos fornece seu equivalente cru no animal-de-duas-costas cuja bisecção ele imputa a Júpiter que nada tem a ver com isso — é muito feio, já disse que isso não se faz. Não se mete o Pai real em tais inconveniências.

Pois "nada é tudo" nos desfilamentos do significante,...

Só que Freud também cai nessa: pois o que ele imputa a Eros, na medida em que o opõe a Tanatos, como princípio de "a vida", é de unir, como se, afora uma curta coiteração, sempre se tivesse visto dois corpos se unirem em um.

...o afeto é discórdia,...

Assim, o afeto chega a um corpo, cuja propriedade seria habitar a linguagem — tomo aqui emprestado a plumagem que se vende melhor que a minha —, o afeto, digo, por não encontrar alojamento, pelo menos não alojamento a seu gosto. Chama-se a isso morosidade, mau humor também. Será isso um pecado, um grão de loucura, ou um verdadeiro toque do real?

Quanto ao afeto, vocês estão vendo que para modulá-lo teria sido melhor os SAMCDA pegarem minha rabeca. Isso os teria levado mais longe do que ficarem tresvariando.

Que o senhor compreenda a pulsão nesses vagos gestos daqueles que extraem de meu discurso uma garantia, é conceder-me um papel belo demais para que eu lhe seja agradecido, pois, como bem sabe, o senhor que transcreveu meu XI seminário numa impecável execução: quem além de mim soube arriscar-se a dela dizer o que quer que seja?

Pela primeira vez, e especialmente com o senhor,[9] sentia outros ouvidos além dos morosos a escutar-me, ou seja, que não ouviam aí que eu Outrificava o Um, como se precipitou em pensar a própria pessoa que me chamara para o lugar que me valia sua audiência.

Ao ler os capítulos 6, 7, 8, 9, 13 e 14 desse seminário XI quem não experimentou o que se ganha ao não traduzir *Trieb* por instinto e cingir o máximo possível essa pulsão chamando-a deriva, ao desmontar e em seguida remontar, colando em Freud, sua bizarria?

...e a pulsão deriva.

Ao seguir-me, quem não sentirá a diferença que há entre a energia — constante, que é cada vez discernível devido ao Um com o qual se constitui o experimental da ciência — e o *Drang*, ou força da pulsão que, sendo certamente gozo, só nos bordos corporais —, eu ia dar sua forma matemática —, tem sua permanência? Permanência que não consiste senão na instância quádrupla na qual cada pulsão se sustenta por coexistir às três outras. Quatro só possibilita o acesso por ser potência para a desunião à qual se trata de evitar, para aqueles a quem o sexo não é suficiente para tornar parceiros.

Tampouco posso dizer o que tu és para mim.

Não estou certamente aplicando aqui o que distingue neurose, perversão e psicose.

Fiz isso em outra ocasião: nunca procedendo senão segundo os rodeios que o inconsciente aí traça ao retornar sobre seus próprios passos. A fobia do pequeno Hans, mostrei que era isso: lá onde ele levava Freud e seu pai a passear, mas onde, desde então, os analistas têm medo.

V

— *Há um rumor que corre: se gozamos tão mal é porque há repressão do sexo e a culpa é, primeiro, da família e, segundo, da sociedade e particularmente do capitalismo. É uma questão que se coloca.*

— Eis uma questão — fui levado a dizer, pois falo a partir de suas questões —, uma questão que se poderia ouvir a partir de seu desejo de saber, no caso o do senhor mesmo, como a ela responder. Isto é: se ela lhe fosse colocada por uma voz mais do que por uma pessoa, uma voz que só se conceberia como vinda da tevê, uma voz que não ex-siste, justamente por nada dizer, voz, no entanto, em nome de que eu mesmo faço ex-sistir essa resposta que é interpretação.

Para dizer cruamente, o senhor *sabe* que tenho resposta para tudo, mediante o que o senhor me atribui a questão: o $\frac{a}{S_2} \rightarrow \cancel{S}$ senhor está se fiando no provérbio que diz que só se empresta ao rico.[1] Com razão.

Quem não sabe que foi com o discurso analítico que fiz fortuna? Por isso sou um *self made man*. Há outros, mas não hoje em dia.

Freud não disse que o recalque *provinha* da repressão: que (para dar uma imagem) a castração seja devida ao fato de que Papai, a seu menino mexendo no peruzinho, brada: "é certo que vão cortá-lo se você tornar a tocá-lo".

No entanto, é bastante natural que a Freud lhe tenha vindo a idéia de partir daí para a experiência — a ser entendida pelo que a define no discurso analítico. Digamos que à medida que aí progredia, ele tendia mais para a idéia de que o recalque era primário. Eis, no conjunto, a báscula da segunda tópica. A gulodice com a qual ele denota o supereu é estrutural, não efeito da civilização, mas "mal-estar (sintoma) na civilização".

O recalque originário

De maneira que convém tornar a tratar da prova, a partir do fato de que seja o recalque que produza a repressão. Por que a família, a própria sociedade não seriam criações a se edificarem a partir do recalque? Nada menos do que isso, mas poderia ser assim porque o inconsciente ex-siste, é motivado pela estrutura, ou seja, pela linguagem. Freud elimina tão pouco essa solução que é para resolver isso que ele se lança encarniçadamente no caso do homem dos lobos, o qual homem fica mais para pior. Embora essa falha, falha do caso, pareça estar muito perto de seu êxito: o de estabelecer o real dos fatos.

Se esse real permanece enigmático, isso deve ser atribuído ao discurso analítico, por ser ele mesmo instituição?

Não há, então, outro recurso senão o projeto da ciência para resolver a sexualidade: a sexologia sendo ainda apenas projeto. Projeto no qual, e ele insiste nisso, Freud tinha confiança. Confiança que ele confessa ser gratuita, o que diz muito sobre sua ética.

Novidade no amor

Ora, o discurso analítico, o próprio, promete: introduzir a novidade. E isso, que enormidade, no campo em que se produz o inconsciente, dado que seus impasses, entre outros certamente mas em primeiro lugar, se revelam no amor.

Não que todo o mundo não esteja avisado dessa novidade que corre as ruas —, mas ela não desperta ninguém, pois essa novidade é transcendente: a palavra deve ser tomada com o mesmo signo constituído na teoria dos números, ou seja, matematicamente.

Daí não ser à toa que ela se sustente com o nome de trans-ferência.

Para despertar meu pessoal, articulei essa transferência a partir do "sujeito suposto saber". Há aqui explicação, desdobramento do que o nome apenas obscuramente indica. Isto é: o sujeito, por meio da transferência, é suposto ao saber pelo qual ele consiste como sujeito do inconsciente e é isso que é transferido $\frac{a}{S_2}$ ao analista, ou seja, esse saber dado que não pensa, nem calcula, nem julga, não deixando por isso de produzir efeito de trabalho.

Esse trilhamento vale o que vale, mas é como se fosse inútil... ou pior, como se eu o fizesse para apavorá-los.

SAMCDA simplicitas: eles não ousam. Eles não ousam avançar lá onde isso leva.

Não é que eu não me esfalfe! Profiro "o analista só se autoriza por si mesmo". Instituo "o passe" na minha Escola, ou seja, o exame do que decide um analisante a erigir-se em analista — sem forçar ninguém a isso. Ainda não está dando frutos, devo confessar, mas lá ocupamo-nos disso, e minha Escola, não a tenho há tanto tempo assim.

Não é que tenho a esperança de que alhures deixe-se de fazer da transferência devolução ao remetente. Ela é atributo do paciente, uma singularidade tal que só nos cabe recomendar a prudência, principalmente em sua apreciação, e mais do que em seu manejo. Aqui a gente se acomoda com isso, mas lá onde iríamos parar?

O que sei é que o discurso analítico não pode ser sustentado por um só. Tenho a felicidade de que haja quem me siga. O discurso tem portanto sua chance.

Transfinito do discurso

Nenhuma efervescência — igualmente suscitada por ele —, poderia suspender o que ele atesta de uma maldição sobre o sexo, que Freud evoca em seu "Mal-estar".

O impossível do Bem-dizer sobre o sexo,...

Se falei de tédio, e até mesmo de morosidade a respeito da abordagem "divina" do amor, como desconhecer que esses dois afetos são denunciados — em falas e até mesmo em atos — em jovens que se entregam a relações sem repressão — o mais incrível sendo que os analistas, em quem eles encontram suas motivações, lhes respondem fazendo birra.

Mesmo que as recordações da repressão familiar não fossem verdadeiras, seria preciso inventá-las, e não se deixa de fazê-lo. O mito, é isso, a tentativa de dar forma épica ao que se opera da estrutura.

...é de estrutura,...

O impasse sexual secreta as ficções que racionalizam o impossível de onde ele provém. Não digo que sejam imaginadas, leio aí, como Freud, o convite ao real que responde por isso.

...ler o mito de Édipo.

A ordem familiar só faz traduzir que o Pai não é o genitor, e que a Mãe continua contaminando a mulher para o filhote d'homem: disso resulta o resto.

Não é que eu aprecie o gosto da ordem que existe nesse filhote, o que ele enuncia ao dizer: "pessoalmente (*sic*) tenho horror da anarquia". É próprio da ordem, lá onde ela existe por menor que seja, que não se tenha de prová-la dado que ela é estabelecida.

Já ocorreu em algum lugar por boa sorte, e é sorte boa justamente para demonstrar que não está dando certo nem mesmo para o esboço de uma liberdade. Trata-se do capitalismo reordenado. Tempo para o sexo, portanto, dado que foi do capitalismo que ele partiu, abandonando-o.

O senhor foi parar no esquerdismo, mas, tanto quanto eu saiba, não no sexo-esquerdismo. Pois este só se sustenta do discurso analítico, tal como ele ex-siste por ora. Ele ex-siste mal só fazendo redobrar a maldição sobre o sexo. É por isso que ele mostra temer essa ética que eu situava a partir do bem-dizer.

— Não se trata simplesmente de reconhecer que para aprender a fazer amor não há nada a ser esperado da psicanálise? Daí se compreende que as esperanças recaiam sobre a sexologia.

— Como há pouco deixei entender, é sobretudo da sexologia que não há nada a ser esperado. Não se pode, por meio da observação do que nos chega a nossos sentidos, isto é, da perversão, construir nada de novo no amor.

Deus, em compensação, ex-sistiu tão bem que o paganismo povoava com ele o mundo sem que ninguém entendesse nada disso. Eis a que retornamos.

Graças a Deus!, como se diz, outras tradições nos asseguram que houve pessoas mais sensatas, por exemplo, no Taoísmo. Pena que aquilo que para eles fazia sentido, para nós não tem alcance, por deixar frio nosso gozo.

Sabedoria?

Isso em nada nos surpreende, pois a Via, como eu disse, passa pelo Signo. Caso aí se demonstre algum impasse —, digo bem: assegure-se ao ser demonstrado —, eis nossa chance de com isso tocarmos o real puro e simples, — como o que impede de dizer disso *toda* a verdade.

Não haverá d'eu-zer do amor senão esse acerto de contas, cujo complexo só pode ser dito ao ser distorcido.

Deus é dizer.

— O senhor não responde aos jovens, como o senhor diz, fazendo birra. Certamente não, pois um dia lhes lançou em Vincennes: "como revolucionários, vocês aspiram a um mestre.

Vocês o terão". Em suma, o senhor desencoraja a juventude.

Eles me enchiam a paciência, segundo a moda da época. Era preciso que eu não deixasse passar em branco. Foi uma paulada tão verdadeira que a partir de então eles correm para meu seminário. Preferindo, em suma, ao cacete minha bonança.

— *De onde lhe vem, aliás, a segurança de profetizar a escalada do racismo? E por que, diabos, dizê-lo?*

— Porque isso não me parece engraçado e, no entanto, é verdade.

No descaminho de nosso gozo só há o Outro para situá-lo, mas é na medida em que dele estamos separados. Daí as fantasias inéditas quando não nos metíamos nisso.

Deixar a esse Outro seu modo de gozo, eis o que só se poderia fazer não impondo o nosso, não o considerando como um subdesenvolvido.

Acrescentando-se a isso a precariedade de nosso modo, que doravante só se situa a partir do mais-de-gozar, que até mesmo não mais se enuncia diferentemente, como esperar que se prossiga o humanitarismo sentimentalóide de encomenda com o qual se vestem nossas atrocidades?

Deus, retomando força, acabaria ex-sistindo, o que não pressagia nada melhor do que um retorno de seu passado funesto.

VI

— *Três perguntas resumem para Kant, veja-se o Cânon da primeira Crítica, o que ele chama de "o interesse de nossa razão":* Que posso saber? Que devo fazer? Que é-me permitido esperar? *Fórmula que, como o senhor não ignora, é derivada da exegese medieval e precisamente de Agostinho de Dácia. Lutero a cita, para criticá-la. Eis o exercício que lhe proponho: responder por sua vez, ou encontrar como redizê-lo.*

— O termo "aqueles que me ouvem" deveria, aos próprios ouvidos interessados, revelar-se com uma outra modulação ao ressoar de suas questões, a tal ponto que lhes pareça a que ponto meu discurso não responde a isso.

E mesmo que fosse apenas a mim a quem elas fizessem esse efeito, ainda assim seria objetivo pois sou eu o objeto delas, pelo que cai desse discurso, a ponto de ouvir que ele as exclui —, a coisa indo até o benefício (para mim "é verdade" secundário) de me dar razão naquilo com o que eu quebro a cabeça quando nesse discurso estou: — da assistência que ele agrega, por mim para ele sem medida. Para essa assistência, a conseqüência é de não ouvir mais isso.

Há algo aí na sua pequena flotilha kantiana capaz de me incitar a embarcar para que meu discurso se ofereça à prova de uma outra estrutura.

— *Pois bem, que posso saber?*

"Eu já sabia disso",...

— Meu discurso não admite a pergunta sobre o que se pode saber pois ele parte supondo-o como sujeito do inconsciente.

É claro que não ignoro o choque que Newton foi para os discursos de sua época e que é de lá que procede Kant e sua cogitatura. Ele constituiria desta aqui, sua borda, borda precursora à análise, quando ele a confronta com Swedenborg mas, para experimentar Newton, ele retorna ao velho hábito filosófico de imaginar que Newton dele resume o espezinhamento. Se Kant tivesse partido do comentário de Newton acerca do livro de Daniel não é certo que ele tivesse encontrado o móvel do inconsciente. Questão de estofo.

Sobre isso, solto a resposta do discurso analítico à incongruência da pergunta: que posso saber? Resposta: nada que não tenha em todo caso a estrutura da linguagem, de onde resulta que até onde irei *neste* limite, é uma questão de lógica.

...pois "a priori" é a linguagem,...

Isto é afirmado pelo fato de o discurso científico conseguir a alunissagem, em que se atesta para o pensamento a irrupção de um real. Isto sem que a matemática tenha outro aparelho senão o de linguagem. Eis o que os contemporâneos de Newton não deixaram passar. Eles perguntavam como cada massa sabia a distância das outras. A que Newton: "Deus, ele sabe" — e faz o que é preciso.

Mas o discurso político —, atente-se a isto —, ao entrar no avatar, advento do real, a alunissagem se produziu e, além do mais, sem que o filósofo, que existe em cada um pela via do jornal, tenha se emocionado senão vagamente.

O que está agora em jogo é com o que se ajudará a extrair o real-da-estrutura: com o que da língua não constitui cifra, e sim signo a decifrar.

Minha resposta, portanto, não repete Kant a não ser pelo fato de que, desde então, os fatos do inconsciente foram descobertos, e uma lógica foi desenvolvida a partir da matemática, como se "o retorno" desses fatos já a suscitasse. Nenhuma crítica, com efeito, apesar do título bem conhecido de suas obras, chega a julgar esses fatos a partir da lógica clássica, testemunhando assim ser ele apenas o joguete de seu inconsciente, que por não pensar não poderia julgar nem calcular no trabalho que ele produz às cegas.

...mas não a lógica das classes.

O sujeito do inconsciente, ele mesmo, influi no corpo. Será preciso que eu volte ao fato de que ele só se situa verdadeiramente a partir de um discurso, ou seja, daquilo cujo artifício constitui o concreto, e como!

Não há discurso que não seja do faz-de-conta, do semblante

Daí, o que se pode dizer do saber que ex-siste para nós no inconsciente, mas que um só discurso articula, o que se pode dizer dele cujo real nos vem por meio desse discurso? Assim se traduz sua pergunta em meu contexto, isto é, ela parece louca.

É preciso, no entanto, ousar colocá-la assim para saber como proposições demonstrativas para sustentá-la poderiam vir segundo a experiência instituída. Vamos lá.

Pode-se dizer, por exemplo, que se O homem quer *A* mulher, ele não a atinge senão encalhando[1] no campo da perversão? É o que se formula a partir da experiência instituída do discurso psicanalítico. Se isto se verifica, será ensinável a todo mundo, isto é, científico, dado que a ciência trilhou sua via partindo desse postulado?

O matema

Digo que o é, e tanto mais que, como aspirava Renan para "o futuro da ciência", não tem conseqüência dado que *A* mulher não ex-siste. Mas, ela não ex-sistir não exclui que dela se faça o objeto de seu desejo. Justo o contrário, daí o resultado.

A mulher

Mediante o que O homem, ao enganar-se, encontra *uma* mulher, com a qual tudo acontece, ou seja, comumente esse fracasso no qual consiste o êxito do ato sexual. Os atores são aí capazes dos mais elevados feitos, como se sabe pelo teatro.

O nobre, o trágico, o cômico, o bufão (ao se pontuar numa curva de Gauss), em suma, o leque do que é produzido pelo palco, de onde isso é exibido —, o que cliva os assuntos de amor de todo laço social — o leque, portanto, se realiza —, ao produzir as fantasias com as quais os seres de fala subsistem no que eles denominam, não se sabe bem porque, "a vida". Pois, da "vida" eles só têm noção pelo animal, onde o saber deles de nada serve.

Nada tu-estemunha, com efeito, como bem aperceberam os poetas do teatro, que *sua* vida, a dos seres de fala, não seja um sonho, fora o fato de que eles

"Tu és ..." matam esses animais, tu és esses animais, (*tu-ent ces animaux*), matado-a-ti-mesmo, tu-és-a-ti-mesmo (*tu-é-à-toi-même*), como, a propósito, se diz n'alíngua que m'é amiga por ser mia.[2]

Pois, afinal, a amizade, a *philia* sobretudo de Aristóteles (que não é por abandoná-lo que deixo de estimá-lo), é justamente por onde bascula esse teatro do amor na conjugação do verbo amar com tudo o que se segue de dedicação à economia, à lei da casa.

Como se sabe, o homem habita e, se ele não sabe onde, não deixa de ter hábito. O *ethos* (ἔθοζ), como diz Aristóteles, não tem mais a ver com a ética — com a qual ele observa a homofonia sem chegar a clivá-la desta — do que o laço conjugal.

Como, sem suspeitar o objeto que constitui o pivô de tudo isso, não *ethos* (ἦθοζ) mas *ethos* (ἔθοζ), o objeto (*a*) para nomeá-lo, poder estabelecer sua ciência?

É verdade que faltará afinar este objeto com o matema que *A* ciência — a única ainda a ex-sistir: *A física* — encontrou no número e na demonstração. Mas como ele não encontraria um calçado ainda melhor nesse objeto do qual falei, se este é o próprio produto desse matema a situar a partir da estrutura, por pouco que esta seja justamente a linguagem, justamente a caução que o inconsciente traz para a muda consciência?[3]

Para se convencer disso é preciso voltar à pista que Mênon já fornece, ou seja, que existe acesso do particular à verdade?

É ao coordenar essas vias, que se estabelecem a partir de um discurso, que — mesmo para o que só procede de um ao um, do particular — se concebe, tão incontestavelmente quanto a partir do matema numérico, um novo que esse discurso transmite.

O amor

Basta que em algum lugar a relação sexual cesse de não se escrever, que a contingência se estabeleça (o que dá no mesmo), para que seja conquistado um delineamento do que deve ser completado para demonstrar como impossível essa relação, ou seja, ao instituí-la no real.

Essa mesma chance pode ser antecipada com um recurso à axiomática, lógica da contingência para a qual nos acostuma o que o matema, ou aquilo que ele determina como matemático, sentiu a necessidade: abandonar o recurso a qualquer evidência.

Assim, prosseguiremos nós a partir do Outro, do Outro radical, evocado pela não-relação que o sexo encarna —, desde que aí se aperceba que talvez só haja Um devido à experiência do (a)sexuado.

Para nós ele tem tanto direito quanto o Um a fazer de um axioma sujeito. E eis o que a experiência aqui sugere. Primeiro, impõe-se para as mulheres essa negação que Aristóteles se exime

$\overline{\forall x} \cdot \Phi x$ de aplicar no Universal, ou seja, de não serem todas, não-todas, *methates*. Como se ao afastar do universal sua negação, Aristóteles não o tornasse simplesmente fútil: *o dictus de omni et nullo* não assegura nenhuma ex-sistência, como ele mesmo dá testemunho disso ao afirmar essa ex-sistência apenas do particular, sem, no sentido forte, dar-se conta, isto é, saber porque: — o inconsciente.

$\overline{\exists x} \cdot \overline{\Phi x}$ Eis porque *uma* mulher — pois de mais de uma não se pode falar — uma mulher só encontra *O* homem na psicose.

Estabeleçamos este axioma, não que *O* homem não ex-siste, caso d'*A* mulher, mas que uma mulher a si o proíbe, não

$S(\not{A})$ porque seja o Outro, mas porque "não há Outro do Outro", como eu digo.

Assim o universal do que elas desejam é loucura: todas as mulheres são loucas, como se diz. É justamente por isso que elas não são todas, isto é, não loucas-de-todo,[4] antes conciliadoras: a tal ponto que não há limites às concessões que cada uma faz para *um* homem: de seu corpo, de sua alma, de seus bens.

Nada podendo fazer por suas fantasias, a que é menos fácil responder.

Ela se presta, antes, à perversão que eu sustento como sendo a d'*O* homem. $(\$ \lozenge a)$ O que a conduz à mascarada que se conhece e que não é a mentira que os ingratos, ao colarem n'*O* homem, lhe imputam. Antes o para-o-que-der-e-vier de preparar-se para que a fantasia d'*O* homem encontre nela sua hora da verdade. Isso não é exagero, pois a verdade já é mulher por não ser toda, não toda a dizer-se, em todo caso.

Mas é por isso que a verdade se recusa mais freqüentemente do que na sua vez, exigindo do ato ares de sexo, o que ele não pode sustentar, eis a falha: regrado como pauta musical.

Deixemos isso meio atravessado. Mas é justamente para a mulher que o axioma célebre do Sr. Fenouillard não é válido e que passados os marcos há o limite: a não ser esquecido.[5]

Por isso, do amor não é o sentido que conta mas justamente o signo, o sinal como alhures. Eis justamente todo o drama.

E não se dirá que, por ser traduzido pelo discurso analítico, o amor se furte, como ele faz alhures.

Daqui, no entanto, que se demonstre que seja dessa insensatez por natureza *''Não há relação sexual''* que o real faça sua entrada no mundo do homem — ou seja, as passagens englobando tudo: ciência e política que acossam com isso o homem alunado —, daqui até lá há uma margem.

Pois é preciso supor que há um todo do real, o que precisaria primeiro ser provado pois sempre se supõe do sujeito apenas o razoável. *Hypoteses non fingo* quer dizer que só ex-sistem discursos.

— *Que devo fazer?*

— Só posso retomar a pergunta, como todo mundo, colocando-a para mim. E a resposta é simples. É o que faço: da minha prática extrair a ética do Bem-dizer, que já acentuei.

Tome isto como exemplo, se o senhor acredita que em outros discursos ela possa prosperar.

Mas duvido. Pois a ética é relativa ao discurso. Não repisemos.

A idéia kantiana da máxima a ser colocada à prova da universalidade de sua aplicação é somente o esgar com o qual o real dá no pé, por ser pego por um só lado.

Só pergunta "que fazer?" aquele cujo desejo está apagado

A caçoada a responder acerca da não-relação com o Outro quando nos contentamos em tomá-lo ao pé da letra.

Uma ética de celibatário, em suma, aquela que um Montherlant, mais perto de nós, encarnou.

Possa meu amigo Claude Lévi-Strauss estruturar seu exemplo no discurso de recepção na Academia,[6] uma vez que, para honrar sua posição, o acadêmico tem a boa sorte de ter tão-somente que titilar a verdade.

É evidente que graças aos cuidados do senhor é aí que também me encontro.

— Gostei da malícia. Mas o senhor não recusou esse exercício de acadêmico, com efeito, é porque o senhor mesmo foi titilado. E eu lhe demonstro, pois o senhor responde a terceira pergunta.

— Acerca de "o que é-me permitido esperar?", devolvo-lhe a pergunta, ou seja, eu a entendo desta vez como vinda do senhor. Quanto a mim, respondi-a acima.

Como concernir-me-ia ela sem dizer-me o que esperar? Imagina o senhor a esperança sendo sem objeto?

O senhor, portanto, como qualquer outro a quem eu trataria de senhor, é a esse senhor que respondo: espere o que lhe agradar.

Saiba apenas que vi várias vezes a esperança, o que chamam de: os amanhãs que cantam,[7] levar as pessoas que eu estimava tanto quanto o estimo, muito simplesmente, ao suicídio.

Por que não? O suicídio é o único ato que possa ter êxito sem falha. Se ninguém nada sabe sobre ele é por que ele procede do *parti-pris* de nada saber. Ainda Montherlant, em quem sem Claude eu nem mesmo pensaria.

Para que a pergunta de Kant tenha um sentido, eu a transformarei em: de onde o senhor espera? Eis que o senhor gostaria de saber o que o discurso analítico pode *lhe* prometer, pois para mim já está no papo.

Não queres saber nada sobre o destino que o inconsciente faz para ti?

A psicanálise permitir-lhe-ia esperar seguramente clarificar o inconsciente do qual o senhor é sujeito. Mas todos sabem que aí não encorajo ninguém, ninguém cujo desejo não esteja decidido.

E ainda mais, desculpe-me por falar de senhores de má companhia, penso que é preciso recusar o discurso psicanalítico aos canalhas: é certamente isso que Freud disfarçava com um pretenso critério de cultura. Os critérios de ética infelizmente não são mais seguros. Seja como for, é a partir de outros discursos que eles podem ser julgados, e se ouso articular que a análise deve ser recusada aos canalhas é porque os canalhas se tornam burros, o que é certamente uma melhora, mas sem esperança, para retomar seu termo.

Além do mais, o discurso analítico exclui o senhor que já não esteja na transferência, por demonstrar essa relação com o sujeito suposto saber — que é uma manifestação sintomática do inconsciente.

Eu aí exigiria ademais um dom daquele tipo com o que se criva o acesso à matemática, se esse dom existisse, mas é fato que, certamente por falta de algum matema, fora os meus, ter saído desse discurso, não há ainda dom discernível à prova desses matemas.

A única chance de que ex-sista só depende da boa sorte, quero dizer que a esperança não adiantará nada, o que basta para torná-la fútil, ou seja, para não permiti-la.

VII

— *Titile, pois, a verdade que Boileau assim versifica: "O que bem se concebe, claramente se enuncia". O estilo do senhor, etc...*

Respondo-lhe na bucha. Bastam dez anos para que o que escrevo se torne claro para todos, como vi com minha tese onde, no entanto, meu estilo ainda não era cristalino. É, pois, um fato de experiência. Não obstante, não o estou remetendo para as calendas.

Para quem joga com o cristal da língua,...

Restabeleço que o que bem se enuncia claramente se concebe — claramente quer dizer que consegue. É inclusive desesperadora essa promessa de sucesso, pelo menos sucesso de venda, para o rigor de uma ética.

Isso nos faria sentir o preço da neurose por meio do qual se mantém o que Freud nos recorda: que não é o mal e sim o bem que engendra a culpa.

Impossível orientar-se aí sem pelo menos uma suspeita do que quer dizer castração. E isso nos esclarece acerca da

...um ganso sempre come o sexo

estória que "claramente" Boileau deixava correr sobre isso, para que a gente se engane, ou seja, acredite nisso.[1]

O denegrido *medi* instalado em seu reputado *ocre*: "Não há gradação do medí-ocre ao pior",[2] eis o que lastimo atribuir ao autor do verso que humoriza tão bem esse termo.

Tudo isso é fácil, mas cabe melhor o que aí se revela ao escutar-se o que retifico com mão pesada para o que é: um chiste que, por ofuscar, ninguém vê.

Não sabemos que o chiste é lapso calculado, aquele ganho obtido sobre o inconsciente? Lê-se isso sobre o chiste em Freud.

E se o inconsciente não pensa, não calcula, etc. é tanto mais pensável.

Surpreende-lo-emos ao reescutar, se for possível, o que diverti-me modulando em meu exemplo do que se pode saber, e melhor ainda: menos jogar com o feliz achado d'alíngua do que seguir seu advento na linguagem...

Foi até mesmo preciso um pequeno empurrão para que eu me desse conta e é aí que se demonstra a fineza do sítio da interpretação.

Supor, diante da luva virada ao avesso, que a mão sabia o que fazia, não é reconhecer justamente o mérito de alguém que La Fontaine e Racine apoiariam?

A interpretação deve ser presta para satisfazer o interempréstimo.[3]

Do que perdura de perda pura ao que só aposta do pai ao pior. $\frac{a}{(-\varphi)}$

NOTAS DE TRADUÇÃO

I

1. ...la verité *tient au* réel: a expressão *tenir à* significa resultar, provir, depender ou pertencer. No programa da televisão que foi ao ar Lacan diz "*...la verité touche au réel*" (toca no real).

2. *errement*: tem o sentido de erro, falta, abuso, maneira condenável de agir, e também errância, vagabundagem. O termo *error* cobre essas duas vertentes de significação.

3. *parler à la cantonade:* expressão cuja enunciação faz emergir o nome de Lacan. Utilizada em linguagem de teatro para se referir à fala do ator que se dirige a alguém que é suposto estar nos bastidores e também, no sentido figurado, mais habitual, é uma fala fingindo não se dirigir precisamente a ninguém.

4. "*...celui où l'analyste tient son défaut de l'autre, de celui qui l'a mené jusqu'à 'la passe', comme je dis, celle de se poser en analyste.*" Traduziu-se *la passe* por o passe devido à sua utilização já difundida no meio psicanalítico no Brasil. Lembramos, no entanto, que o termo francês apresenta uma gama semântica bem mais ampla: trata-se sobretudo de *passagem* — tanto a ação de passar quanto o lugar por onde se passa, passadouro.

...se poser en analyste: A expresão se *poser en* significa pretender ocupar uma posição, de-

sempenhar um papel, atribuir-se a qualidade de, erigir-se em.

II

1. *ex-sistence*: termo correlativo à insistência da cadeia significante. A ex-sistência é definida por Lacan como "lugar excêntrico" para situar o sujeito do inconsciente (cf. *Écrits*, pg.11). Trata-se, portanto, da existência numa posição de excentricidade em relação a algo.

2. *dit-mension*: dimensão do dito, do dizer.

3. *les non-dupes errent*: os não tolos (não tapeados) erram (estão em errância); expressão homófona à *les noms du père* — os nomes do pai.

4. *jouis-sens*: literalmente (eu) gozo-sentido, termo homófono a *la jouissance* (o gozo) e também a *j'ouis sens* (eu ouço sentido). Pode ser também aí ouvido o *oui* (sim).

III

1. Amelot de la Houssaye traduziu o *Oráculo manual* de Baltasar Graciàn com o título de *L'Homme de cour* (O cortesão).

2. *il décharite*: neologismo de Lacan constituído pela condensação de *déchet* (dejeto) com *charité* (caridade, *caritas*) fazendo surgir a dimensão da negação ou da ação contrária a de fazer caridade pela utilização do sufixo *dé* (des). O analista é um santo que faz descaridade bancando o dejeto.

IV

1. Agora não mais expurgada após a publicação, organizada por J.M. Masson, de *The Complete Letters of Sigmund Freud to Wilhem Fliess 1887-1904,* Cambridge, Harvard University Press, 1985, p. 207, carta de 6 de dezembro de 1896.

2. *Centre Hospitalier Spécialisé Saint-Anne*: Centro psiquiátrico de Paris onde, a convite do Dr. Jean Delay, Lacan realizou seus seminários de 1953 a 1963, sendo o último dedicado à Angústia.

3. *l'émoi, l'empêchement, l'embarras.*

4. *surcoeur*: tradução literal de *epitumia.*

5. *étad d'âme*: expressão que designa sentimento subjetivo; aqui sem emprego literal remete ao conceito de alma.

6. *gay sçavoir* (referência trovadoresca), *la gaie science, le gai savoir* são os nomes pelos quais era designada a poesia dos trovadores. O sentido literal é acentuado pela oposição com a tristeza.

7. Lacan joga aqui com o termo *bonheur* (felicidade) e sua decomposição em *bon* (boa) e *heur* (sorte, fortuna).

8. *le déchet exquis*: o adjetivo *exquis* cobre uma gama semântica extensa: extraordinário, raro, precioso, excelente, perfeito, delicado, delicioso, charmoso, arrebatador. Na acepção médica, uma dor *exquise* significa uma dor viva e nitidamente localizada.

9. Lacan se refere à École Normale Supérieure (da qual Jacques-Alain Miller era aluno) que

acolheu seu seminário de 1964 a 1973, ano em que se realizou este programa de televisão.

V

1. *prêter la question... prêter aux riches.*

VI

1. *échouer*: como verbo intransitivo tem o sentido de fracassar.

2. Lacan joga com a homofonia de *tu es* (tu és) e *tuer* (matar). No final do parágrafo *dans lalangue qui m'est amie d'être mie* (*nne*) além do sentido "na língua que é minha amiga por ser minha" encontramos na decomposição de *mie* (ene) o significante *mie*, que significa amiga, mulher amada e *haine*, ódio.

3. *"...structure, pour peu que celle-ci soit bien l'en-gage, l'en-gage qu'apporte l'inconscient à la muette?"*: *l'en-gage* (caução) é homófono a *langage* (linguagem); *muette* é termo de gíria em desuso para se referir à consciência; e também *à la muette* significa em surdina, daí a opção de tradução possível "...a canção que o inconsciente traz em surdina."

4. *pas folles-du-tout*: não são absolutamente loucas.

5. Referência à família Fenouillard, personagens de uma série de livros ilustrados que, no final do século XIX, ridicularizava a classe média na

França. O Sr. Fenouillard só dizia o óbvio, como no caso desse "célebre axioma": *quand la borne est franchie il n'est plus de limites.*

6. Lévi-Strauss sucedeu Montherlant na Academia Francesa após o suicídio deste, e seu romance *Les Celibataires* é aqui referido por Lacan.

7. *les lendemains qui chantent*: expressão francesa consagrada, de Gabriel Péri, que se refere a um futuro feliz para o povo após a revolução socialista.

VII

1. Trata-se de uma anedota que circulava sobre Boileau, a respeito de sua suposta impotência dever-se ao fato de que, quando criança, teria sido mordido por um ganso em seus genitais.

Além de ganso, *jars* também significa gíria, língua secreta.

2. Referência aos versos de Boileau: "*Dans l'art dangereux de rimer et écrire / Il n'est point de degré du médiocre au pire*" (*médi* é homófono a *médit*, derivado de *médire*, falar mal de alguém).

3. *entreprêt*: neologismo de Lacan que faz equívoco com *interprète* (intérprete).

Agradecimentos

Meus agradecimentos pela leitura, comentários e sugestões a Elza M.L. Freitas e Manoel Motta; e à revisão de Betch Cleinman e André Telles.

A.Q.

Campo Freudiano no Brasil

- **Os complexos familiares**
- **Escritos**
- **Estou falando com as paredes**
- **Meu ensino**
- **O mito individual do neurótico**
- **Nomes-do-Pai**
- **Outros escritos**
- **O Seminário**

  Livro 1: **Os escritos técnicos de Freud**

  Livro 2: **O eu na teoria de Freud e na técnica da psicanálise**

  Livro 3: **As psicoses**

  Livro 4: **A relação de objeto**

  Livro 5: **As formações do inconsciente**

  Livro 6: **O desejo e sua interpretação**

  Livro 7: **A ética da psicanálise**

  Livro 8: **A transferência**

  Livro 10: **A angústia**

  Livro 11: **Os quatro conceitos fundamentais da psicanálise**

  Livro 16: **De um Outro ao outro**

  Livro 17: **O avesso da psicanálise**

  Livro 18: **De um discurso que não fosse semblante**

  Livro 19: **...ou pior**

  Livro 20: **Mais, ainda**

  Livro 23: **O sinthoma**
- **Televisão**
- **O triunfo da religião**

Jacques Lacan

- **A batalha do autismo**

Éric Laurent

- **Lacan elucidado**
- **Matemas I**
- **O osso de uma análise**
- **Percurso de Lacan**
- **Perspectivas do Seminário 23 de Lacan**
- **Perspectivas dos Escritos e Outros escritos de Lacan**

Jacques-Alain Miller

- **A inibição intelectual na psicanálise**

Ana Lydia Santiago